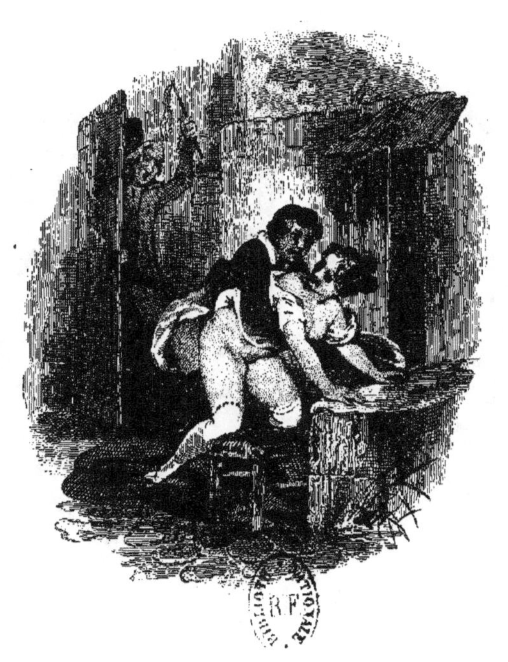

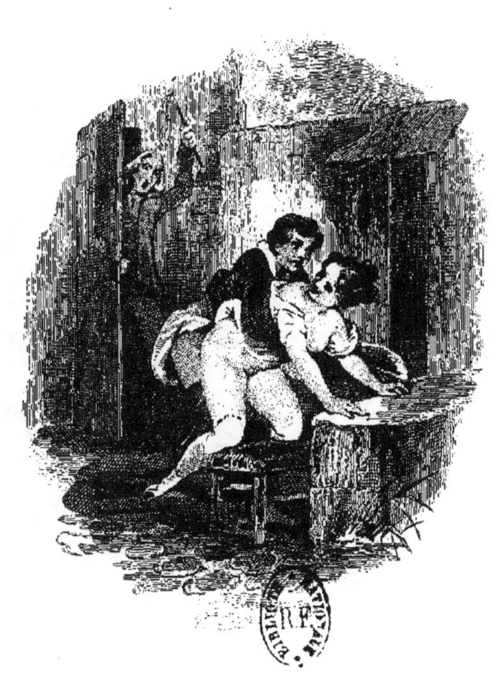

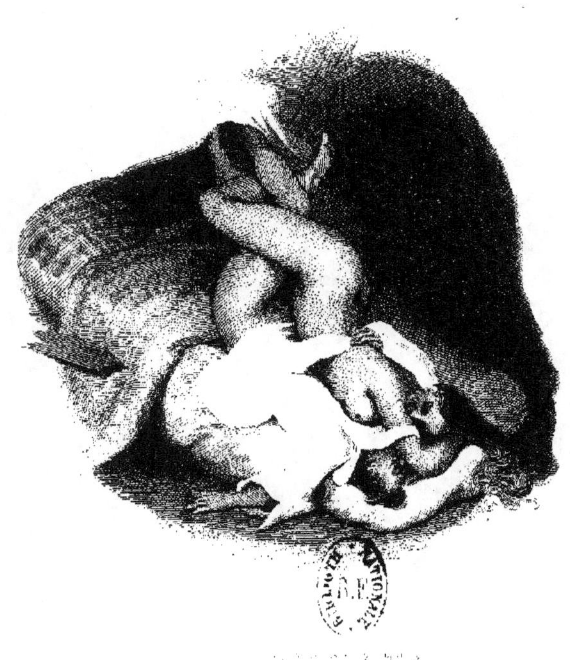

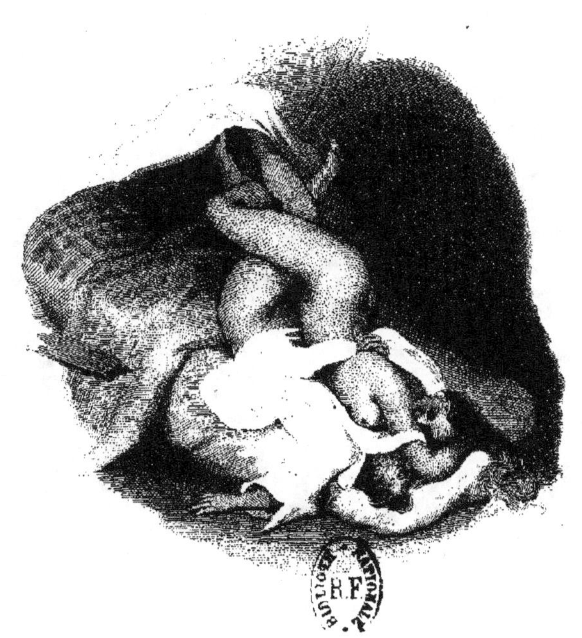

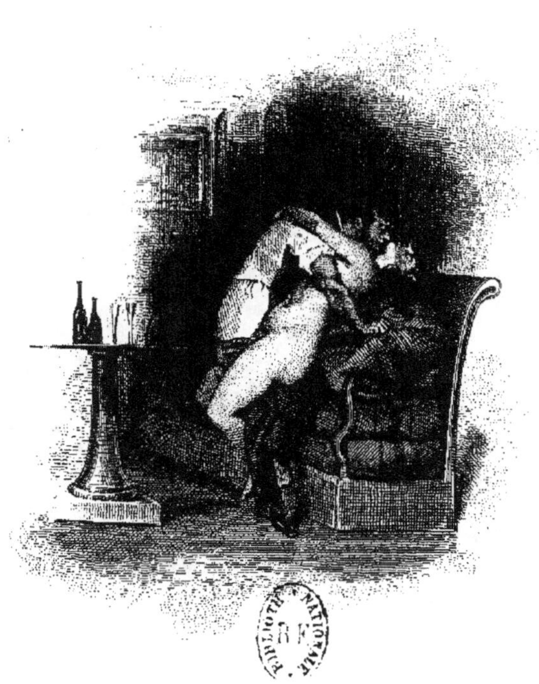

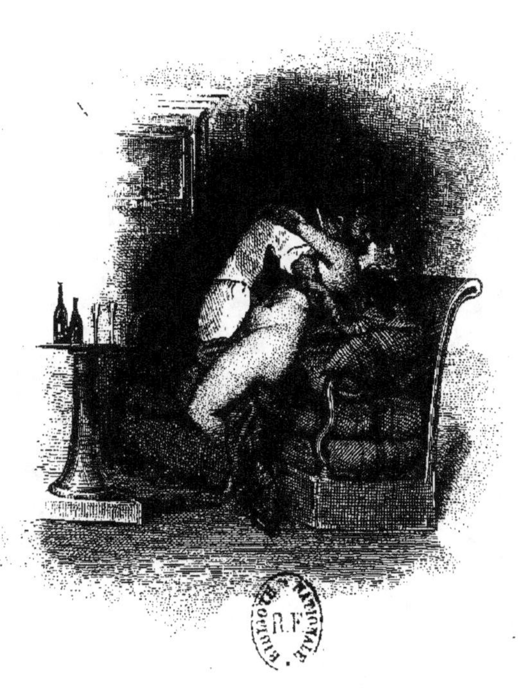

LA BACCHANTE.

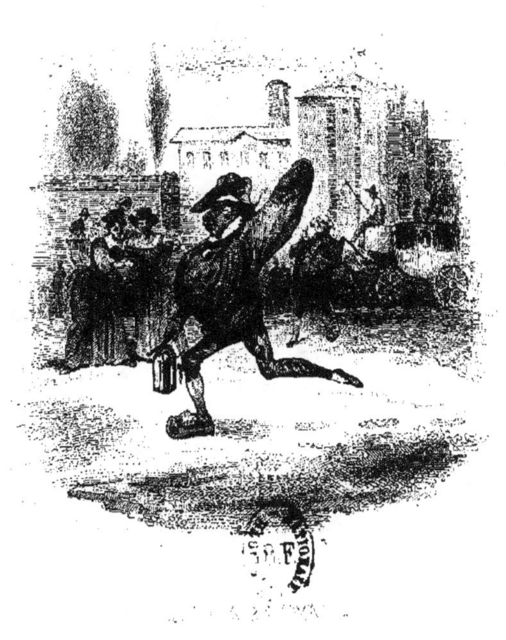

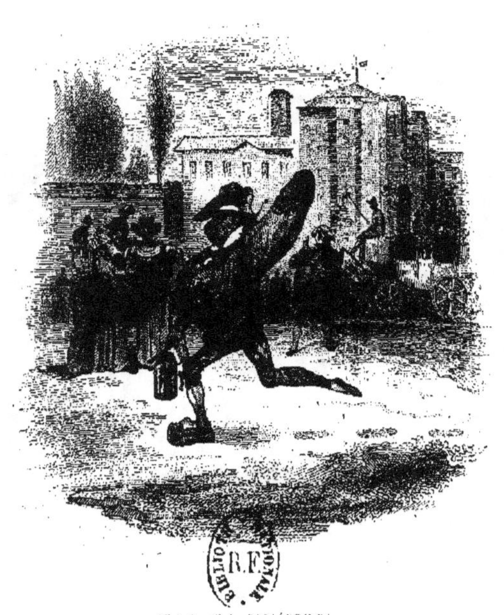

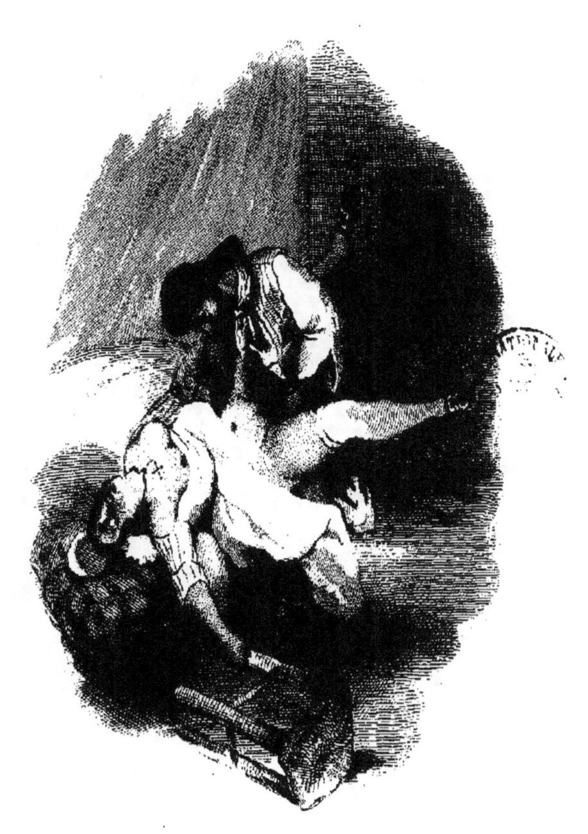

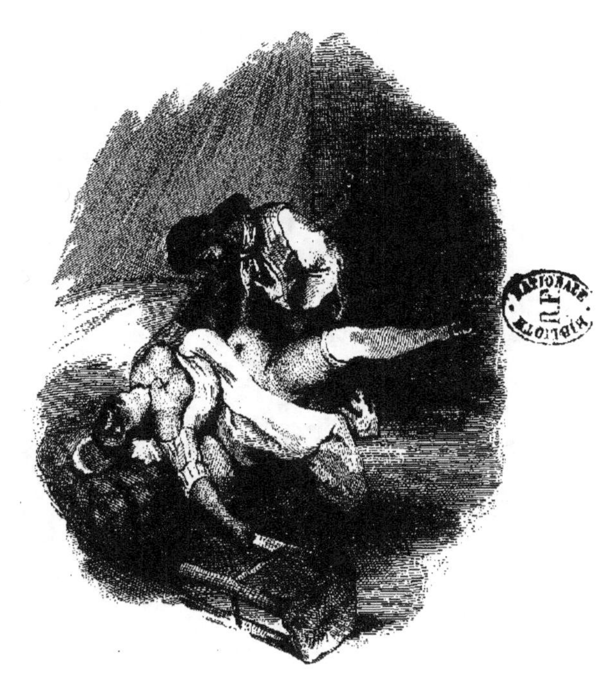

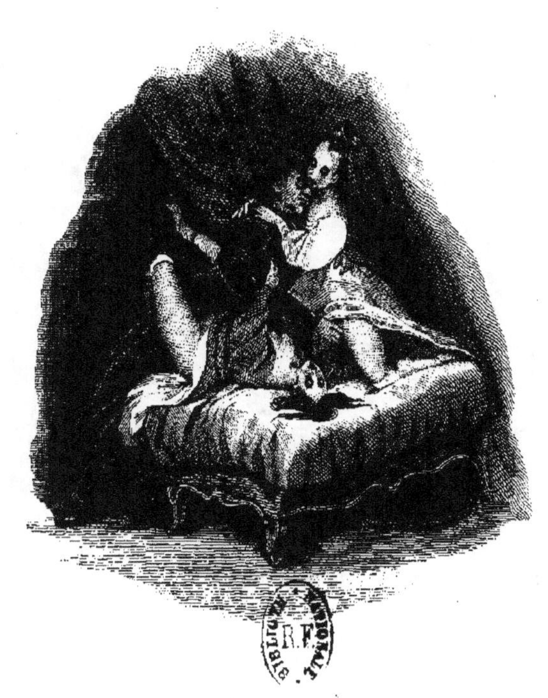

LE MISSIONNAIRE.

London

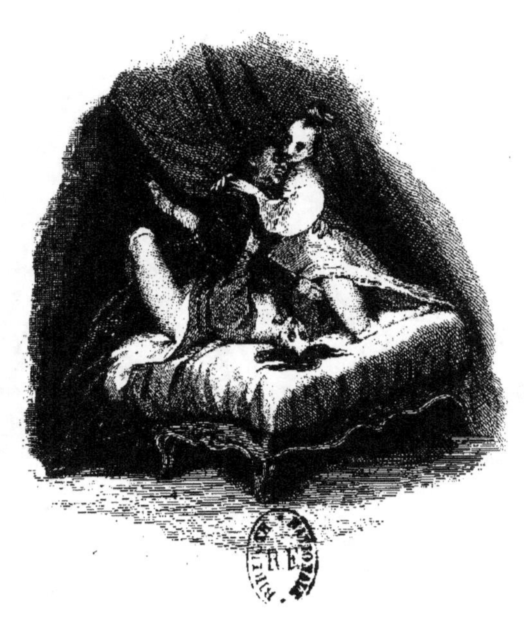

LE MISSIONNAIRE.

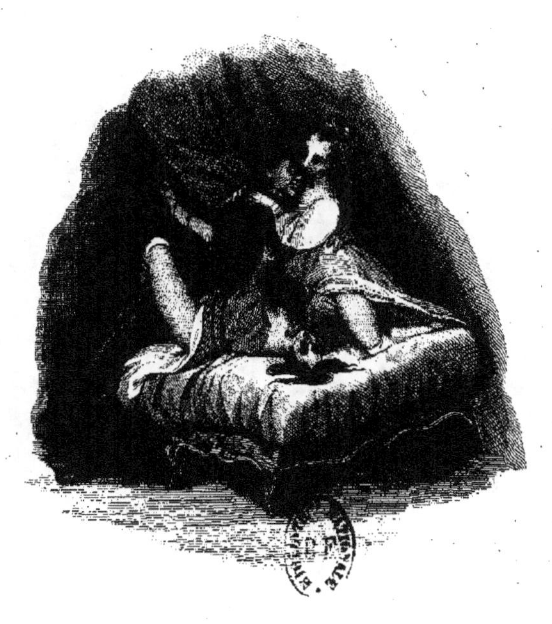

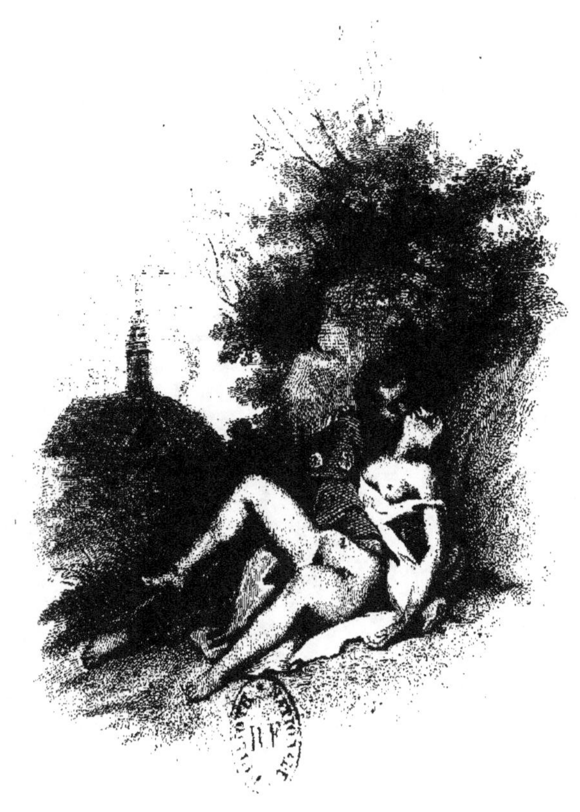

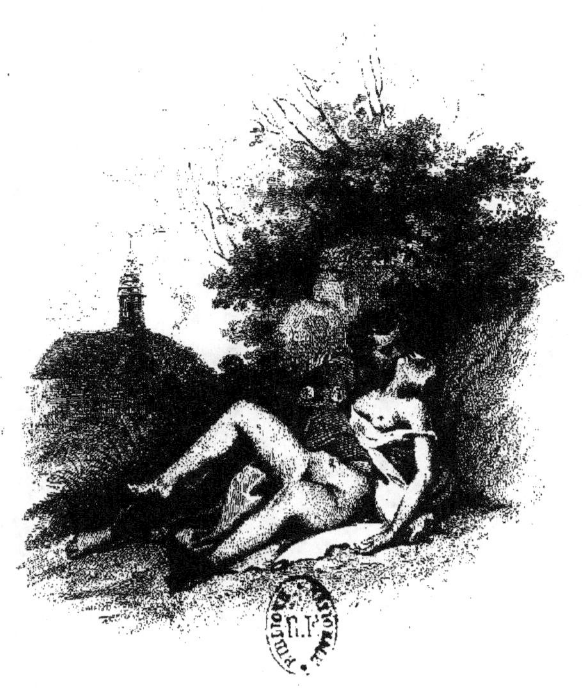

LE PÈLERINAGE DE LISETTE

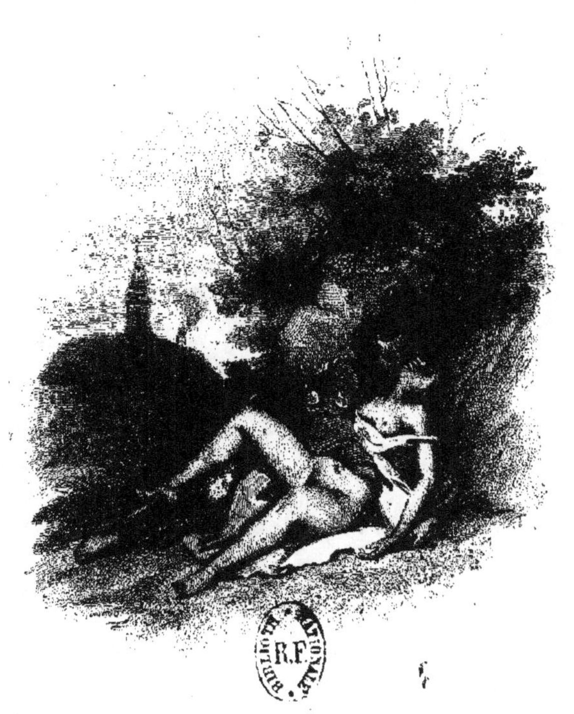

LE PÈLERINAGE DE MUSETTE

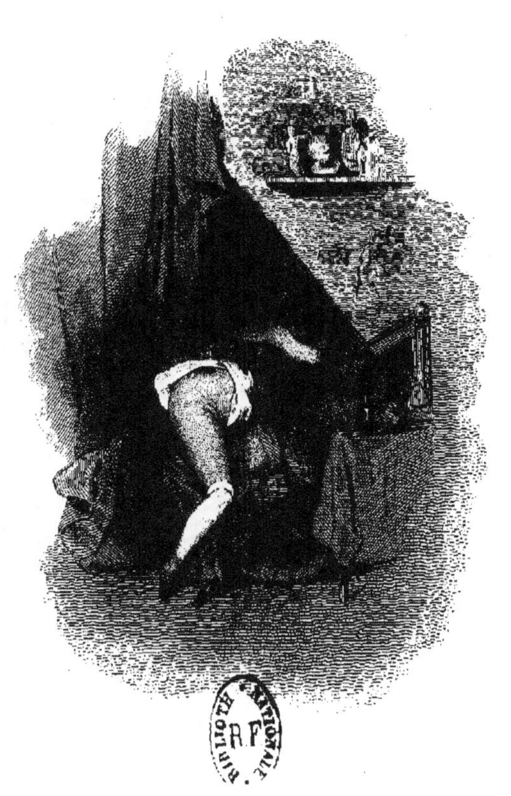

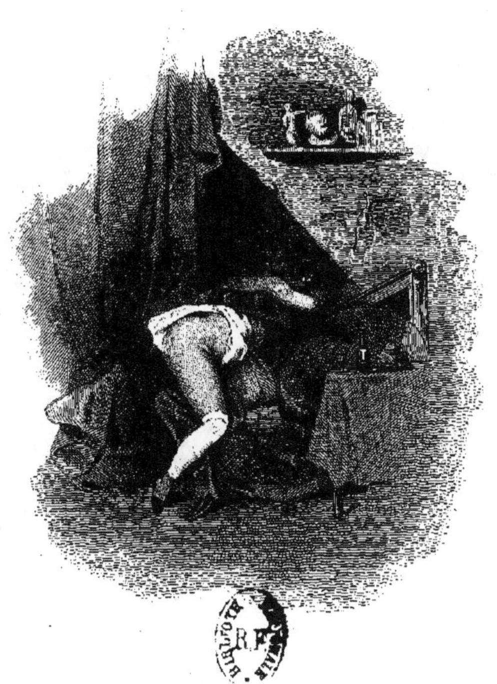

BON VIN ET RILLETTE.

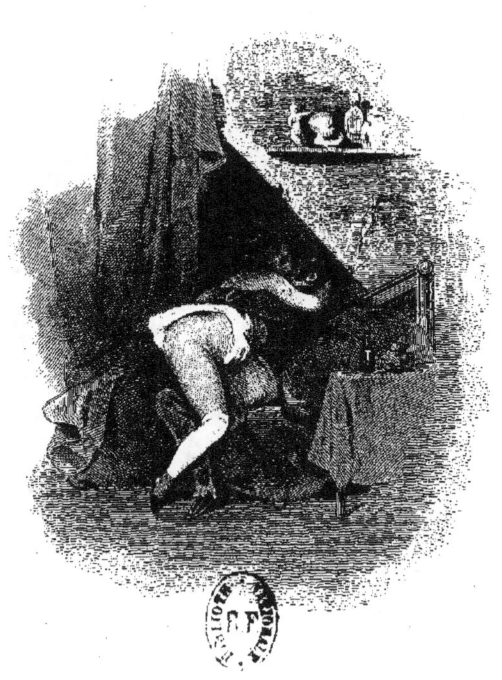